Linz an der Donau

Linz
an der Donau

Einleitender Essay und Zeittafel
zur Geschichte von Linz
von Siegfried Haider
Photos von Hans Bohaumilitzky

Pinguin-Verlag, Innsbruck

© Copyright 1993 by Pinguin-Verlag
A-6021 Innsbruck
Alle Rechte vorbehalten
Druck- und Bindearbeiten: Athesia-Tyrolia, A-6020 Innsbruck
Farbreproduktionen: Tiroler Repro, A-6020 Innsbruck
Satz: Lasersatz Maringer, A-5751 Maishofen
Printed in Austria
ISBN 3-7016-2413-5

INHALT

LINZ — DIE AUFGELEBTE STADT 7

ZEITTAFEL ZUR GESCHICHTE
VON LINZ 15

ABBILDUNGEN 21

Linz — die aufgelebte Stadt

Zugegeben — es ist für Nicht-Linzer noch immer schwer, sich dieser Stadt ohne Vorurteil zu nähern. Dazu reichen die Probleme, die Linz mit seinem Image hat, zu weit in die Vergangenheit zurück. Die Stadt, die, von wenigen Jahren abgesehen, das Pech hatte, keine ständige Residenz eines Landesfürsten gewesen zu sein, wird von Historikern als Kommune charakterisiert, die lange Zeit von mittelalterlichem Wirtschaftsdenken geprägt sowie von Kaufleuten und Wirten, denen man obendrein wenig Freude an Risiko und Innovation nachsagt, beherrscht worden ist. Auch die Funktionen als Verwaltungszentrum (Provinzial-Hauptstadt Österreichs ob der Enns) und als Garnisonstadt seit dem 18. Jahrhundert haben Linz bis in die Epoche vor dem Zweiten Weltkrieg keinen besseren Ruf eingebracht als den einer »etwas überdimensionierten bajuwarischen Bauernstadt« (Entwicklung der Einwohnerzahl: 1857 rund 26.000, 1914 rund 70.000, 1934 rund 110.000). Zur großen Stadt ist Linz durch die hybriden Pläne Adolf Hitlers, der seine »Heimatstadt« zu einer der fünf großdeutschen »Führerstädte« ausgestalten wollte, und durch die nationalsozialistische Kriegswirtschaft geworden; zur Großstadt hingegen hat sich Linz erst in der zweiten Hälfte unseres Jahrhunderts aufgeschwungen. Die lange historische Tradition und eine verhältnismäßig kurze, aber hektische Wachstumsphase prägen daher auch in unserer Zeit das Erscheinungsbild der Stadt, die sich heutzutage so gerne modern gibt, mit all den damit verbundenen Spannungen und Problemen.

Nach dem Ende des Zweiten Weltkrieges hat Linz den Wandel von einem Rüstungszentrum des Großdeutschen Reiches zur führenden Industriestadt Österreichs sehr schnell geschafft. Die von dem nationalsozialistischen Regime errichtete Großindustrie erlangte in der Phase des Wiederaufbaues internationale, ja Weltgeltung; ein neues Verfahren der Sauerstoff-Blasstahlerzeugung erhielt nach den beiden an der Entwicklung beteiligten Standorten der Vereinigten Österreichischen Eisen- und Stahlwerke (VOEST) den Namen Linz-Donawitz (LD) und machte Linz weithin bekannt als »Stahlstadt«. Was damals als Zeichen des Fortschritts und des wirtschaftlichen Aufschwunges galt, die rauchenden Schlote und die charakteristische rote Staubwolke über der Stadt — dabei gab es einmal Zeiten, in denen Linz nicht nur für die Schönheit seiner weiblichen Einwohnerschaft (»die schöne Linzerin«) bekannt war, sondern auch für seine gute Luft —, sollte sich mit wachsendem Problembewußtsein bald als Umweltbelastung und Plage für die Bevölkerung herausstellen. Erfreulicherweise ist dazu jedoch heute zu berichten, daß intensive Bemühungen der Stadt und ihrer Großindustrie mit dem erklärten Ziel, Linz zur saubersten Industriestadt Österreichs zu machen, in den letzten Jahren bereits zu einer merklichen Verbesserung der Luft- und damit der Lebensverhältnisse geführt haben. Objektiv meßbar konnte Linz die rote Laterne der österreichischen Stadt mit der größten Luftverschmutzung bereits vor einiger Zeit abgeben; vom positiven Image ihrer Stadt scheint aber die Linzer Bevölkerung selbst noch immer nicht ausreichend überzeugt zu sein. Wie sonst hielten es die verantwortlichen Stadtpolitiker für nötig, ein nicht wegzuleugnendes, mehr oder weniger unterschwelliges »Linz-Syndrom« mit einer Millionen teuren Werbekampagne mittels Plakaten, Inseraten und Hörfunkspots zu bekämpfen. Daß sie auf diese Weise seit 1990, dem Jahr, in dem Linz »500 Jahre Landeshauptstadt« feierte, das Bewußtsein der »Eigen-Stadtlichkeit« der Linzerinnen und Linzer erfolgreich heben konnten, ist allerdings nicht bloß dem Einfallsreichtum einer Werbeagentur zu verdanken, die so griffige Slogans formulierte wie zum Beispiel »Eine Stadt lebt auf«, »Linz ist los«, »Linz greift ein«, »Linz findet stadt«, »Linz macht Karriere«, »Linz ist geschäftig«, »Linz kommt an«, »Linz in Betrieb«, »Linz auf Kurs«, »Linz am Ball«, »Linz ist welt«, »Linz ist

Szene«, »Linz geigt auf« oder »Linz schwebt in den höchsten Tönen«. Viel entscheidender war die bewußte politische Willensbildung insbesondere schon seit den sechziger Jahren, Linz zu einer Kulturstadt zu formen, wobei man das Image der Industriestadt nicht verleugnete, sondern fruchtbringend und auf durchaus charakteristische eigenständige Weise mit dem kulturellen Anspruch verknüpfte. Meilensteine auf diesem Weg, den die »rote« Stadt und das »schwarze« Land in dem für Oberösterreich kennzeichnenden guten politischen Klima der Zusammenarbeit in vielem gemeinsam gingen, waren die Gründung einer »Hochschule für Sozial- und Wirtschaftswissenschaften« (eröffnet 1966, seit 1975 »Johannes-Kepler-Universität« mit einer sozial- und wirtschaftswissenschaftlichen, einer rechtswissenschaftlichen und einer technisch-naturwissenschaftlichen Fakultät) sowie einer »Hochschule für künstlerische und industrielle Gestaltung« (1973), die Einrichtung der kulturgeschichtlichen Abteilung des Oberösterreichischen Landesmuseums im Schloß (1963) und des Stadtmuseums Nordico im ehemaligen Collegium Nordicum (1973), die Erbauung des »Brucknerhaus« genannten Konzert- und Veranstaltungszentrums (1974) sowie die Wiederbegründung des seither jeweils im Herbst gefeierten Internationalen Brucknerfestes, die Umgestaltung des ehemaligen Ursulinenklosters zum multifunktionellen »Landeskulturzentrum Ursulinenhof« (1977), die Installierung der »Neuen Galerie der Stadt Linz — Wolfgang-Gurlitt-Museum« in dem Gebäudekomplex Lentia 2000 (1979) sowie der Um- und Ausbau des nahe dem Stadthafen gelegenen Posthofes zu einem »alternativen« Kulturzentrum (»Zeitkultur am Hafen«, 1984) und der ehemaligen Ursulinenschule zu einem »Offenen Kulturhaus« (1990). Allen diesen Maßnahmen entsprach eine verstärkte politische Kulturförderung, und zwar sowohl im Bereich der sogenannten Hoch-Kultur als auch in der Breitenwirkung einer von den verantwortlichen Politikern besonders betonten offenen »Volks«-Kultur. Symbolisch für diese Bestrebungen steht die erfolgreiche Verbindung der Eröffnung des Internationalen Brucknerfestes mit der unter Einsatz von aufwendiger Klang-, Licht-, Film- und Lasertechnik produzierten bzw. inszenierten »Linzer Klangwolke«, einer Open-Air-Übertragung bzw. Visibilisierung klassischer Musik aus dem Konzertsaal des Brucknerhauses in den umgebenden Donaupark, an der seit 1979 jedes Jahr Zehntausende Linzer, Oberösterreicher und, nicht zu vergessen, auch Interessierte aus dem Ausland teilnehmen. Den vermutlich spektakulärsten Erfolg — freilich weniger bei der Linzer Bevölkerung als vielmehr in der weltweiten Mediengesellschaft — dürfte man jedoch mit der im selben Jahr ins Leben gerufenen Veranstaltung der »Ars electronica« erzielt haben. Diese mit Konzerten, Ausstellungen, Symposien, Wettbewerben und Preisverleihungen durchmischte weltumfassende Leistungsschau über den künstlerischen Einsatz elektronischer Medien verschaffte der Stadt Linz, nicht zuletzt infolge der Zusammenarbeit mit dem oberösterreichischen Landesstudio des Österreichischen Rundfunks (ORF), innerhalb kurzer Zeit einen beachtlichen internationalen Ruf, den es allerdings in Zukunft gegen wachsende Konkurrenz zu verteidigen gelten wird. Wobei unübersehbar ist, daß sich, wie bereits angedeutet, zumindest derzeit nur wenige Linzer zu dieser Art Avantgarde bekennen können — was aber nicht ausschließlich gegen die Linzer spricht, sondern bekanntlich eher ein Merkmal jeder Avantgarde ist.

Kein Zweifel, Linz befindet sich zur Zeit im Aufschwung, und auch die in den letzten Jahrzehnten leicht rückläufige Einwohnerzahl ist zuletzt wieder auf knapp über 200.000 angestiegen. Die Landeshauptstadt, die Industriestadt, die Kulturstadt, die Schul- und Universitätsstadt, die Einkaufsstadt, die Kongreßstadt, die Sportstadt — neuerdings verkünden Tafeln an den Autobahneinfahrten auch den Anspruch, »Erlebnisstadt« zu sein — konnte offenbar auch ihre Attraktivität als Wohnort gegenüber den sie umgebenden (Um-)Landgemeinden wieder steigern. Dabei zeichnet sich die Stadt Linz durch eine sehr reizvolle Lage aus, die bei Besuchern und Gästen immer wieder Überraschung und Begeisterung auslöst und die von mehreren geographischen Voraussetzungen bestimmt wird.

In erster Linie von der Donau, die im Westen aus einem romantischen Engtal kommt, östlich von Linz den namengebenden Schwenk nach Süden vollzieht und sich dann wieder gegen Osten orientiert. Der latinisierte Name »Lentia« stammt aus dem Keltischen (»lentos« bedeutet soviel wie biegsam oder gekrümmt) und bezeichnet die Siedlung an der Biegung des Flusses. Die Lage am Strom bedeutete von Anfang an Anbindung an einen wichtigen Verkehrsweg, aber auch Gefährdung durch die natürlichen Hochwässer, vor denen die frühen Siedler in der Regel auf Uferterrassen und in Höhenlagen Schutz suchten. »Linz an der Donau« lautete denn auch bis in jüngere Zeit die offizielle Schreibweise des Namens, um sich von der am Rhein gelegenen deutschen Schwesterstadt gleichen Namens zu unterscheiden. In den letzten Jahrzehnten hat die aufstrebende Stadt jedoch soviel Selbstbewußtsein entwickelt, daß man heute auf die Beigabe einer Lagebezeichnung verzichten zu können glaubt. So prangt nunmehr im offiziell-offiziösen Gebrauch zum Beispiel auf Stadtplänen und auf Ortstafeln an den Stadteinfahrten ein schlichtes, sich seiner Eigenständigkeit und seines Bekanntheitsgrades bewußtes »Linz«.

Die zweite geographische Dominante ist durch die charakteristische Beckenlage gekennzeichnet, die im Westen durch die sanften Rücken des Freinberges, des Römerberges und des Kürnberger Waldes am südlichen Donauufer gebildet wird, nördlich der Donau durch die granitenen Höhenzüge des Mühlviertels, die sich im Linzer Raum etwas vom Fluß zurückziehen, und im Osten durch den Pfenningberg, der die Donau zu ihrer markanten Richtungsänderung gezwungen hat. Im Süden fehlt dagegen ein entsprechendes Gegenstück, das den natürlichen Ring um das sogenannte Linzer Becken schließen würde: Die weite und offene Ebene der Traun-Enns-Platte wird nur südlich der Westautobahn von Ebelsberg über Ansfelden in das Kremstal hinein von geringen Erhebungen und weiter westlich durch den vielen Autofahrern als unliebsames Hindernis bekannten Puckinger Berg strukturiert. Dennoch reichen die so beschriebenen geographischen Gegebenheiten aus, um an manchen Tagen die berüchtigte Inversionswetterlage mit einer Dunst- und Staub-»Glocke« über dem Becken entstehen zu lassen.

Den dritten, für die Siedlung Linz bestimmenden naturräumlichen Faktor bilden die uralten Donauübergänge mit den entsprechenden verkehrsgünstigen Einschnitten im nördlichen Bergland (Haselgraben und Trefflinger Pforte bzw. Donauübergang Tabersheim-Steyregg südlich des Pfenningberges).

Innerhalb dieser geographischen Voraussetzungen, zu denen noch der Umstand kommt, daß der Lauf der Donau erst am Ende des 19. Jahrhunderts reguliert wurde, hat sich die Siedlungstätigkeit seit vorgeschichtlicher Zeit entwickelt. Mit dem im ersten Jahrhundert nach Christus angelegten römischen Kastell entstand am Fuße des Schloßberges ein Kristallisationspunkt, der für fast alle folgenden historischen Epochen mit nur geringen Verlagerungen zum Alten Markt und zum jüngeren Hauptplatz maßgeblich gewesen ist. Eine Ausnahme dürfte nur die unruhige Übergangszeit von der Spätantike zum Frühmittelalter dargestellt haben, als das Martinsfeld auf dem heute nach dem viel später erbauten kaiserlichen Schloß benannten Höhenrücken das Siedlungszentrum gewesen zu sein scheint. Die seit Beginn des 13. Jahrhunderts babenbergische und seit 1279 habsburgische Stadt ist seit dem Mittelalter nur langsam gewachsen; erst in der zweiten Hälfte des 19. Jahrhunderts erstreckte sie sich in ihrem natürlich vorgegebenen Entwicklungsgebiet im Süden bis zur Trasse der 1858 eröffneten Kaiserin-Elisabeth-Bahn (Westbahn). Im 20. Jahrhundert griff sie dann durch die Eingemeindungen von Urfahr samt Pöstlingberg (1919) und St. Magdalena (1938) nach Norden sowie von St. Peter

F. B. Werner, J. F. Probst, Linz an der Donau um 1732

(1915), Kleinmünchen (1923) und Ebelsberg (1938) weiter nach Süden aus. Die weitflächigen, aber einförmigen Wohnsiedlungen, die im Rahmen der Ausbaupläne des nationalsozialistischen Regimes in den Stadtteilen Urfahr, Froschberg, Spallerhof, Bindermichl, Kleinmünchen und Neue Heimat auf grüner Wiese errichtet worden waren, fanden nach dem Ende des Zweiten Weltkrieges zeittypische architektonische Ergänzungen und Erweiterungen, ehe sich die Stadtplanung unter dem Druck steigender Wohnungsnot dazu entschloß, am Rande des bisherigen Siedlungsgebietes völlig neue Großanlagen entstehen zu lassen. So entwickelten sich nördlich der Donau die beliebten Wohngebiete von

Auhof und Dornach, schließlich in jüngster Zeit im Süden jene von Oed, Kleinmünchen, Auwiesen und Ebelsberg. In diese Richtung ist derzeit auch jede weitere stadtplanerische Entwicklung vorgezeichnet, seit die Nachbargemeinden im Südwesten und Westen, Traun (1973) und Leonding (1976), ebenfalls zu Städten erhoben worden sind.

Der im Luft- und Kartenbild besonders deutlich hervortretenden überwiegenden Nord-Süd-Erstreckung von Linz entspricht der alte Hauptstraßenzug, der südlich der Donau und des Hauptplatzes durch »Landstraße« und »Wiener Straße« gegeben ist. Der Umstand, daß er auch von der traditionsreichen und heute längsten und meistfrequentierten Straßenbahnlinie 1 benützt wird, brachte unserer Stadt früher bei nicht sehr wohlmeinenden Zeitgenossen die ironische Benennung »Linz an der Tramway« ein. Tatsache ist, daß die Linie 1 heute eine überaus wichtige Verbindung von der Johannes-Kepler-Universität in Auhof zu dem südlichen Wohngebiet von Auwiesen darstellt, daß sich das umfangreiche öffentliche Verkehrsnetz im wesentlichen bewährt hat und daß seine Benützerzahlen jährliche Zuwachsraten aufweisen sowie daß man neuerdings daran denkt, die Linie 1 im Süden wieder — vor wenigen Jahrzehnten hatte man geglaubt, auf diese Stichbahn verzichten zu können — von Kleinmünchen nach Ebelsberg zu verlängern. Diese positiven Feststellungen bedeuten leider nicht, daß es in Linz keine Verkehrsprobleme gäbe!

Ganz im Gegenteil, die Verkehrslawine, die die Stadt in doppelter Bedeutung des Wortes zu ersticken droht, und die Luftverschmutzung sind die größten Probleme, mit denen die Stadtverwaltung zu kämpfen hat. Welche Dimensionen in dieser Hinsicht erreicht werden, kann nur derjenige ermessen, der weiß, daß täglich 120.000 Personen nach Linz einpendeln, um im Stadtgebiet ihrer Arbeit nachzugehen, die Schule zu besuchen, Amtswege und Einkäufe zu erledigen oder Besuche zu machen, davon rund 70.000 mit dem Auto. Diese gewaltigen Verkehrsströme in vernünftige und (für die betroffenen Anrainer) erträgliche Bahnen zu lenken, ist eine Aufgabe, die bisher noch nicht zufriedenstellend gelöst werden konnte. Tagtägliche längere morgendliche und abendliche Staus in den wichtigsten Ein- und Ausfallsstraßen sind daher gewohnte Erscheinungen. Dem stehen durch die naturräumliche Beengtheit des Linzer Beckens und des oberen Donautales sowie durch das Angewiesensein auf Donaubrücken relativ begrenzte Möglichkeiten der Verkehrsplaner gegenüber. Hinzu kommt, daß sich manche frühere Sachentscheidung in diesem Bereich infolge der rasanten Weiterentwicklung im nachhinein als wenig glücklich herausgestellt hat — eine Diagnose, die freilich für die meisten Großstädte zutreffen dürfte. Positiv ist dagegen zu verbuchen, daß die größte Stadt Oberösterreichs heute durch alle modernen Verkehrsmittel bestens mit der Welt verbunden ist: Die gerade jetzt durch den Rhein-Main-Donau-Kanal aufgewertete Wasserstraße der Donau, die Wien und Salzburg verbindende Westautobahn und der Schienenstrang der Westbahn berühren die Stadt — es besteht also tatsächlich die Gefahr, daß eilige Zeitgenossen dazu verleitet werden, an Linz vorbeizufahren, wie Gertrud Fussenegger einmal festgestellt hat; die Pyhrnbahn nach Graz und weiter nach Slowenien sowie durch den Fall des Eisernen Vorhanges aktualisierte Summerauerbahn nach Budweis und Prag nehmen von Linz den Ausgang; der internationale Flughafen Linz-Hörsching, rund dreißig Autominuten vom Stadtzentrum entfernt, hat sich in den letzten Jahrzehnten zu einem wichtigen Tor zur Welt entwickelt, das zur Zeit den steigenden Anforderungen entsprechend ausgebaut wird. So gesehen besteht die Chance, daß Linz auch in Zukunft aus seiner schon seit alters verkehrsgünstigen Lage am Schnittpunkt wichtiger Fernstraßen Vorteile ziehen können wird.

Die unterschiedlichen Wachstumsphasen innerhalb des verhältnismäßig großen Stadtgebietes bewirken bis in unsere Tage ein vielfältiges Spannungsverhältnis zwischen Innenstadt, jüngeren Stadtvierteln und -teilen sowie der Peripherie, das nicht nur beim Verkehr, sondern zum Beispiel auch in architektonischer, wirtschaftlicher und bevölkerungsmäßiger Hinsicht zum Ausdruck kommt. Wenn die Linzerin bzw. der Linzer »in die Stadt« fährt oder geht, meint sie bzw. er bezeichnenderweise die Innenstadt. Deren bekannter Nervenstrang ist die jetzt als Fußgängerzone (mit Ausnahme der bevorrechteten Straßenbahn!) gestaltete »Landstraße« zwischen dem Taubenmarkt und dem Blumauerplatz, die Linzer Einkaufsmeile mit den attraktiven und umsatzstarken Geschäften, deren Mietpreise dementsprechend astronomische Höhen erreichen. Von dieser zentralen Achse dringt das geschäftige Treiben in für Linz sehr kennzeichnender Weise nur langsam und in kleinen Schritten in die benachbarten Straßen und neuerdings, wie im Falle der vor kurzem eröffneten Taubenmarkt-Arkade, auch in Höfe vor. Zwei Parallelstraßen von der Landstraße entfernt findet man in der Regel kaum noch Auslagen von Geschäften.

Und dennoch ist das Stadtzentrum in den letzten Jahren entscheidend ausgeweitet und verbessert worden, indem der Hauptplatz mit seinen alten Häusern und seiner mächtigen barocken Dreifaltigkeitssäule, den der Maler Adolph von Menzel am Ende des vorigen Jahrhunderts als »einen der schönsten Plätze der Erde« gepriesen hat, und die angrenzende Altstadt mit ihren idyllischen Straßen, Gäßchen und kleinen Plätzen hervorragend restauriert und erfolgreich revitalisiert wurden. Linz, das noch im Jahre 1969 den historischen Komplex der Wollzeugfabrik (Fabrikskaserne) an der Unteren Donaulände gegen vielseitigen Widerstand schleifen ließ, hat seither umgedacht und ein vorbildliches Bewußtsein für Denkmalschutz und Stadterneuerung entwickelt. Besucher, die Linz bisher nicht kannten, nehmen das städtebauliche Juwel der Altstadt mit Staunen und mit Freude zur Kenntnis.

Noch gibt es aber — wie wohl in jeder Stadt — auch Problemzonen: Zu denken ist vor allem an das Gebiet von Alt-Urfahr-West, wo sich derzeit eine architektonische Tragödie abspielt. Ursprünglich im Hinblick auf einen wünschenswerten Neuaufbau bewußt dem Verfall preisgegeben, hatte man den gegensätzlichen Entschluß zur Revitalisierung des erhaltenswerten Restes in den siebziger Jahren zu spät gefaßt, so daß sich dieses alte Zentrum von Urfahr heute als in höchstem Maße unorganisches Gemisch von der Renovierung harrenden, teilweise leerstehenden und bereits restaurierten, auf modernen Wohnstandard gebrachten Altbauten, von Gärten und Baulücken sowie von Neubauten, über deren architektonische Einfügung in die Umgebung man streiten kann, präsentiert. Dabei hat dieses traurige Viertel 1985 bei der Nibelungenbrücke mit dem gelungenen unprätentiösen Verwaltungsbau des Neuen Rathauses einen markanten Abschluß und Akzent erhalten, der den Eindruck, den Linz als Stadt an der Donau erweckt, sehr positiv beeinflußt. Was man von dem hochtrabend »Donautor« genannten Pendant auf der östlichen Seite des Urfahrer Brückenkopfes bedauerlicherweise nicht behaupten kann. Das daran anschließende, im jetzigen Zustand unattraktive und hauptsächlich als Parkplatz genutzte Gelände des jährlich im Frühjahr und im Herbst abgehaltenen traditionsreichen »Urfahraner Jahrmarktes« mit Volksfestcharakter ist derzeit Gegenstand kontroverser Überlegungen und Planungen für eine repräsentative Verbauung des Donauufers.

Läßt man die im östlichen Donaubereich angesiedelte Großindustrie außer acht, so wird die Skyline von Linz südlich der Donau vor allem durch die mächtige, über dem Donautal aufragende Baumasse des ehemaligen landesfürstlich-kaiserlichen Schlosses und durch eine Reihe von Kirchtürmen bestimmt, unter denen der 134,8 Meter hohe Turm des neugotischen Maria Empfängnis-Domes ganz besonders hervorragt. Mehr, so heißt es, sei den Linzern damals von Wien nicht zugestanden worden, da er sonst den Stephansdom übertroffen hätte. Nördlich der Donau ist im Stadtteil Urfahr in jüngerer Zeit der Gebäudekomplex des »Lentia

2000« als Folge falsch verstandener Modernität leider viel zu hoch geraten.

Der manieristische Neubau des landesfürstlichen Schlosses war am Beginn des 17. Jahrhunderts von Kaiser Rudolf II. mit politisch-ideologisch motivierter Absicht dem etwas früher von den Landständen ob der Enns an der alten Stadtmauer errichteten repräsentativen Landhaus und dem im Vergleich zu anderen Städten eher bescheiden wirkenden Rathaus mit seinem Eckturm gegenübergestellt, ja sogar in höherer Lage »übergeordnet« worden. Der Renaissancebau des Landhauses ist heute der Sitz der oberösterreichischen Landesregierung; der berühmte Steinerne Saal und die anderen Prunkräume dienen Repräsentationszwecken, ein Saal wurde für den Oberösterreichischen Landtag adaptiert. Symbolkraft wohnt auch dem bereits erwähnten riesigen Mariendom, dem (im Gegensatz zum Alten Dom, der Ignatiuskirche der Jesuiten) sogenannten Neuen Dom, inne. Der kämpferische Bischof Franz Joseph Rudigier (1853—1884) hat ihn zur Verherrlichung des 1854 verkündeten Dogmas der Unbefleckten Empfängnis Mariens als steinernes Zeugnis und monumentale Kathedrale erbauen lassen; es dauerte allerdings 62 Jahre, ehe die 20.000 Menschen fassende größte Kirche Österreichs — auf Wunsch ihres bischöflichen Gründers sollte sie »auch für die getrennten Brüder weit genug« sein — fertiggestellt und im Jahre 1924 feierlich geweiht werden konnte.

Zum eigentlichen Wahrzeichen von Linz ist allerdings keines der bisher angeführten Gebäude geworden. Viele, die von Linz sprechen, denken zurecht an den Pöstlingberg, »die Akropolis von Linz«, wie der Dichter Hermann von Gilm in der zweiten Hälfte des vorigen Jahrhunderts übertreibend formuliert hat. Der zauberhaften Lage der bekannten barocken Wallfahrtskirche und dem besonders an Föhntagen überwältigenden Ausblick von dem 539 Meter hohen Berg über die Stadt Linz, das Linzer Becken und das Alpenvorland bis hin zu den Gebirgsketten der Alpen wird sich tatsächlich kaum jemand entziehen können! Der Pöstlingberg mit seiner Kirche und der elektrischen Bergbahn ist Generationen von Erstkommunikanten, Firmlingen und Hochzeitern bekannt, aber auch unzähligen Ausflüglern und nicht zuletzt Kindern, die die Märchenwelt der »Grottenbahn« erlebt haben, die in einen der steinernen Türme des ehemaligen, zur Verteidigung von Linz in der ersten Hälfte des 19. Jahrhunderts angelegten Forts eingebaut wurde.

Linz ist heute ein lebendiges und attraktives Gemeinwesen, sicherlich eine der vitalsten Städte Österreichs, die nicht nur ihren Bewohnern, sondern auch einer ständig zunehmenden Zahl von Touristen erfreulich viel Lebensqualität bietet. Um die internationalen Kontakte durch Zusammenarbeit auf kulturellem und wirtschaftlichem Gebiet zu vertiefen, hat die Stadt seit 1975 ein weltumspannendes Netz von Städtepartnerschaften mit Halle an der Saale und Linz am Rhein (Deutschland), Gabés (Tunesien), Saporoshje (Ukraine), Chengdu (China), Budweis (Tschechien), San Carlos (Nicaragua), Kansas City (USA), Kwangyang (Südkorea) und zuletzt mit Dunaujváros (Ungarn) und Modena (Italien) gesponnen. Darüber hinaus hat sich Linz im Jahre 1986 zur Friedensstadt erklärt, vielleicht als bewußter Beitrag zur Aufarbeitung einer unrühmlichen, aber prägenden, glücklicherweise nur kurzen Episode der jüngeren Vergangenheit, vielleicht aber auch in kluger Voraussicht einer richtungweisenden Zukunftsperspektive. Alles in allem, die oberösterreichische Landeshauptstadt hat es geschafft, sich in unserer schnellebigen und von gesellschaftlichen Umbrüchen geplagten Zeit zu profilieren — und zwar weit über die (nicht zu verachtende) kulinarische Ebene der seit dem 19. Jahrhundert besonders propagierten »Linzer Torte« und der erst jüngst kreierten Fleischspeise des »Linzer Rollers« hinaus. Wer heutzutage noch immer wie vor rund 150 Jahren der Wiener Satiriker Eduard von Bauernfeld Linz auf Provinz reimt, kennt diese Stadt nicht, sondern pflegt sein eingangs angesprochenes Vorurteil.

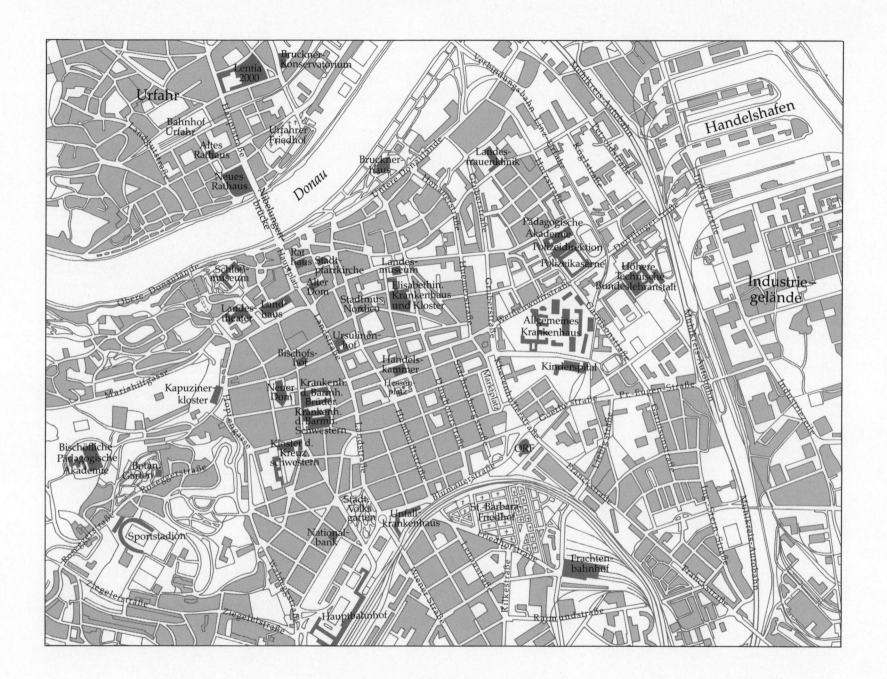

Zeittafel zur Geschichte von Linz

Seit dem 4. Jt. v. Chr.	Seit der Jungsteinzeit Spuren menschlicher Dauersiedlung im Linzer Raum.
Um 400 v. Chr.	Ansiedlung von Kelten im Linzer Becken, in der Folge Errichtung schützender Wallanlagen auf dem Freinberg und dem nördlich der Donau am Beginn des Haselgrabens gelegenen Gründberg.
19 n. Chr.	Der Markomannenfürst Marbod überschreitet vermutlich bei Linz die Donau, als er sich in das römische Exil begibt.
Mitte 1. Jh. n. Chr.	Errichtung eines Holz-Erde-Kastells zur Sicherung des verkehrspolitisch und militärisch wichtigen Donauüberganges durch die Römer (im Bereich des heutigen Landestheaters); bald darauf Anlage einer Zivilsiedlung (in der heutigen Altstadt und am Schloßberg).
1. Hälfte 2. Jh.	Ausbau der Befestigungsanlage zu einem Steinkastell.
Um 400	Zerstörung des spätantiken Mithras-Heiligtums (auf dem heutigen Tummelplatz). Die Notitia dignitatum, das spätrömische Staatshandbuch, nennt die Siedlung »Lentia«.
7. Jh.	Südöstlich des spätantiken Lentia, dessen romanisierte Mischbevölkerung sich wahrscheinlich schon im 4. Jahrhundert auf das Martinsfeld zurückgezogen hat, Anlage zweier bairischer Reihengräberfelder im nördlichen Mündungswinkel der Traun in die Donau (im Bereich der heutigen VOEST-Alpine, ehemals Linz-Zizlau).
799	Erste urkundliche Bezeugung des »locus Linze«, der Martinskirche (auf dem Plateau des Schloßberges) und einer Befestigungsanlage (castrum).
9. Jh.	Neubau der Martinskirche in Form eines repräsentativen karolingischen Zentralbaus, der im 10. Jahrhundert zerstört worden sein dürfte.
903/905	Bezeugung als königlicher Marktort und Zollstätte in der Zollordnung von Raffelstetten.
985/991	Bischof Pilgrim von Passau läßt die Zehentrechte der Taufkirche Linz feststellen.
Um 1000	Errichtung einer Burg am Ostabhang des Schloßberges und darunter Anlage einer Siedlung um einen dreieckförmigen Marktplatz (Alter Markt).
1154	Erste urkundliche Nennung der bischöflich-passauischen Burg Ebelsberg an der von einer Brücke überspannten Traun.
1205/1206	Der Babenberger Herzog Leopold VI. von Österreich und Steiermark erwirbt die werdende Stadt Linz von dem letzten Herrn von Haunsberg; in der Folge bauliche Erweiterung nach Osten und Süden mit dem neuangelegten großen Hauptplatz als Zentrum sowie Ummauerung; Entstehung neuer vorstädtischer Siedlungen.
1228	Erstmalige urkundliche Bezeugung von »cives« (Bürgern) von Linz, die Zoll- und Mautbegünstigungen besaßen.
1236	Linz wird erstmals als »civitas« (Stadt) bezeichnet. Niederlassung der Minoriten, um 1280 Bau eines Klosters und einer Kirche durch Eberhard von Wallsee.
Um 1250	Erbauung der Stadtpfarrkirche.
1256	Erste urkundliche Bezeugung der Linzer Bürgergemeinde.
Seit dem 13. Jh.	entwickeln sich die beiden Linzer Jahrmärkte, der Bruderkirchweih- bzw. Ostermarkt und der Bartholomäimarkt (24. August), zu internationalen Messen.
Seit ca. 1280	residieren die fast ausschließlich dem Geschlecht der Herren von Wallsee angehörenden, den habsburgischen Landesfürsten vertretenden Landrichter/Hauptleute/Landeshauptleute ob der Enns in der landesfürstlichen Linzer Burg.
1335, 5. Mai	Kaiser Ludwig der Bayer belehnt die habsburgischen Herzöge Albrecht II. und Otto von Österreich in Linz mit dem Herzogtum Kärnten und mit Südtirol.
1362	Herzog Rudolf IV. von Österreich verleiht der Stadt das Repressalien- und das Bannmeilenrecht.
1369	Die Herzöge Albrecht III. und Leopold III. von Österreich gestatten den Linzer Bürgern die Wahl der Mitglieder des Stadtrates.

1421	Vertreibung der Juden aus den landesfürstlichen Städten ob der Enns.
1441	Stadtbrand.
1458—1462	Mit Erzherzog Albrecht VI. residiert erstmals ein habsburgischer Landesherr des nun so genannten »Fürstentums Österreich ob der Enns« in der Linzer Burg.
1484/1485 und 1489—1493	Kaiser Friedrich III. residiert in Linz und zieht mit seinem Hofstaat bedeutende Persönlichkeiten, Gelehrte und Künstler in die Stadt.
1490, 10. März	Kaiser Friedrich III. gewährt der Stadt, die erstmals als »eine Hauptstadt unseres Fürstentums ob der Enns« bezeichnet wird, verschiedene Vorrechte, darunter das Recht zur Wahl eines Bürgermeisters.
1493, 19. August	Tod Kaiser Friedrichs III. in Linz.
1497	Bau der ersten (hölzernen) Donaubrücke zwischen der Stadt Linz und dem Dorf Urfahr.
1501	Größter Hochwasserstand, den die Donau in Linz je erreicht hat.
1502—1510	Die »Niederösterreichisches Regiment« genannte landesfürstliche Zentralbehörde hat ihren Sitz in Linz.
1509	Stadtbrand, in dessen Folge 1513/1514 am Hauptplatz ein repräsentativeres Rathaus errichtet wird.
Seit ca. 1520	Allmähliche Verbreitung des lutherischen Glaubens unter den Einwohnern.
1521, 26. Mai	Hochzeit Erzherzog Ferdinands von Österreich (des Enkels Kaiser Maximilians I.) mit Anna von Ungarn und Böhmen in Linz.
1527—1531	Blutige Verfolgung der hauptsächlich in der Handwerkerschicht vertretenen Wiedertäufer.
1527—1562	Bestehen einer landesfürstlichen Münzstätte in Linz.
1542	Stadtbrand.
1552	Diplomatische Verhandlungen zwischen Kaiser Karl V. und dem protestantischen Kurfürsten Moritz von Sachsen im Vorfeld des Passauer Vertrages.
1564—1571	Erbauung des Landhauses durch die Landstände ob der Enns.
1574	Übersiedlung der ständisch-protestantischen Landschaftsschule von Enns nach Linz; Schließung der bedeutenden Schule, an der eine Reihe bekannter Gelehrter gewirkt hat, im Zuge der Gegenreformation im Jahre 1625.
1582—1593	Erzherzog Matthias residiert mit seinem Hofstaat zeitweilig in Linz.
1598—1601	Beginn der katholischen Gegenreformation in der Stadt.
1599—1614	Neubau des landesfürstlichen Schlosses im Auftrag Kaiser Rudolfs II.
1600	Niederlassung der Jesuiten.
1606	Niederlassung der Kapuziner.
1608	Gründung eines Gymnasiums durch die Jesuiten.
1611	Das Passauer Kriegsvolk des Obersten Laurenz von Ramée bedrängt Linz.
1612—1626	Der Astronom und Mathematiker Johannes Kepler lebt in Linz als Lehrer an der Landschaftsschule.
1614	Generallandtag der österreichischen, ungarischen und böhmischen Länder mit Beteiligung von Reichsständen (»Reichstag« von Linz).
1624—1645	Rekatholisierung der Stadtbevölkerung unter Führung der Jesuiten.
1626, Juni bis August	Belagerung durch aufständische Bauern unter der Führung von Stefan Fadinger, große Zerstörungen; Hinrichtung der Rädelsführer des Bauernaufstandes von 1626 im März 1627.
1636	Hinrichtung des Bauernführers Martin Laimbauer und anderer Aufrührer auf dem Hauptplatz.
1645, 8. August	Abschluß des »Linzer Friedens« zwischen Kaiser Ferdinand III. und Georg Rakoczy von Siebenbürgen im Verlauf des Dreißigjährigen Krieges.
1669	Eröffnung einer philosophischen Lehranstalt (Lyzeum) durch die Jesuiten, die in der Folge um verschiedene Fachrichtungen erweitert wird.
1672	Gründung der Wollzeugfabrik durch den Linzer Bürger Christian Sindt.
1683/1684	Diplomatische Verhandlungen zur Vorbereitung der »Heiligen Liga« zwischen Kaiser Leopold I., dem König von Polen und der Republik Venedig gegen die Türken.

1713	Errichtung der ersten provisorischen Kaserne auf der Soldateninsel.
1717—1723	Errichtung der Dreifaltigkeitssäule auf dem Hauptplatz zum Gedenken und zum Dank besonders für Verschonung vor der Pest im Jahre 1713.
1734—1739	Erbauung des von Bürgermeister Johann Adam Pruner als Versorgungshaus gestifteten Prunerstiftes.
1741/1742	Belagerung der von französischen und bayerischen Truppen besetzten Stadt durch österreichische Truppen im Österreichischen Erbfolgekrieg.
1742—1748/1774	Erbauung der Wallfahrtskirche auf dem Pöstlingberg durch Graf Maximilian von Starhemberg.
1751/1752	Errichtung der ersten stabilen Kaserne an der Unteren Donaulände.
1774	Gründung einer »Bibliotheca publica«, der später auch Handschriften und Bücher aus den im Zuge des josephinischen Klostersturms aufgehobenen oberösterreichischen Klöstern und Stiften einverleibt werden (die heutige Bundesstaatliche Studienbibliothek).
1779—1847	Der Rechnungsbeamte Benedikt Pillwein wird zum Vater der Linzer Stadtgeschichtsschreibung.
1782, 24. April	Papst Pius VI. besucht auf der Durchreise Linz.
1783	Wolfgang Amadeus Mozart komponiert auf der Durchreise über Einladung des Grafen Anton von Thun innerhalb von vier Tagen die »Linzer Symphonie« (Nr. 36).
1783/1785	Gründung des Bistums Linz; die ehemalige Jesuitenkirche St. Ignatius wird Bischofskirche (heute: Alter Dom).
1784	Die Lyrikerin Marianne von Willemer(-Pirngruber) wird in Urfahr geboren.
1800, 15. bis 18. August	Katastrophaler, vom Schloß ausgehender Stadtbrand.
1800, Dez. — 1801, März	Französische Truppen besetzen Linz.
1801—1803	Erbauung eines Theaters durch die Landstände ob der Enns neben dem Redoutensaal (das heutige Landestheater).
1805, Nov. — 1806, Februar	Französische Truppen besetzen Linz.
1805, 4.—9. November	Aufenthalt des französischen Kaisers Napoleon im Linzer Landhaus.
1808	Erhebung des Dorfes Urfahr zum Markt durch Kaiser Franz I. von Österreich.
1809, 3. Mai	Blutige Schlacht bei Ebelsberg zwischen österreichischen und französischen Truppenteilen mit schwersten Zerstörungen im Markt.
1809, Mai — 1810, Jänner	Französische Truppen besetzen Linz.
1812	Ludwig van Beethoven, dessen Bruder in Linz eine Apotheke besitzt, vollendet während eines Besuches seine 8. Symphonie.
1813	Der Maler Johann Baptist Reiter wird in Urfahr geboren.
1821	Gründung der für die weitere Entwicklung des Linzer Musiklebens bedeutsamen »Gesellschaft der Musikfreunde«.
1827	Josef Hafner gründet eine Lithographische Anstalt, in der zahlreiche Ortsansichten, Landkarten und andere Druckwerke hergestellt werden.
1829	Anlage des Volksgartens im Süden der Stadt.
1831—1835	Ausbau von Linz zur Festung durch Erzherzog Maximilian d'Este mit 32 Festungstürmen, einer Donausperre und einem Fort auf dem Pöstlingberg.
1832, 21. Juli	Besichtigungsfahrt von Kaiser Franz I. und Kaiserin Karoline mit der neugebauten Pferdeeisenbahn Linz—Budweis von Urfahr nach St. Magdalena.
1837	Niederlassung der Jesuiten auf dem Freinberg.
1840	Gründung der Linzer Schiffswerft durch Ignaz Mayer.
1848	Unruhen und Straßenkrawalle im Gefolge des revolutionären Geschehens von Wien, Gründung einer Nationalgarde.
1849—1868	Der Dichter Adalbert Stifter lebt als Schulrat und befruchtender Kulturschaffender in Linz.
1851	Gründung einer protestantischen Kirchengemeinde Linz.

1856—1868	Anton Bruckner lebt als Dom- und Stadtpfarrorganist in Linz.
1857	Errichtung eines Gaswerkes für die Straßenbeleuchtung und für private Anwendungen. Linz wird an die Kaiserin-Elisabeth-Bahn (Westbahn) angebunden; der neue Bahnhof liegt in der Gemeinde Waldegg.
1858	Der Kunsthistoriker Alois Riegl wird in Linz geboren.
1862—1924	Bau des neugotischen Maria-Empfängnis-Domes (Neuer Dom).
1863	Der Dichter, Essayist und Kritiker Hermann Bahr wird in Linz geboren, »der Herr aus Linz«, wie ihn Karl Kraus charakterisierte.
1866	Fertigstellung des Allgemeinen Krankenhauses.
1869	Der Philosoph Robert Reininger wird in Linz geboren.
1870	Gründung einer jüdischen Kultusgemeinde Linz-Urfahr.
1870—1872	Bau der ersten eisernen Donaubrücke als Ersatz für die durch ein Schiff beschädigte alte Holzbrücke.
1873	Eingemeindung von Lustenau und Waldegg.
2. Hälfte 19. Jh.	Planmäßige gründerzeitliche Stadterweiterung besonders gegen Süden (bis zur Westbahn) und Südosten (Neustadt).
1880	Eröffnung der Pferdetramway von Urfahr zum Staatsbahnhof, 1897 Elektrifizierung.
1882	Erhebung des Marktes Urfahr zur Stadt durch Kaiser Franz Joseph I. Entwurf des deutschnationalen »Linzer Programms« für eine geplante »Deutsche Volkspartei«.
1888	Bau der Mühlkreisbahn nach Aigen-Schlägl mit dem Ausgangsbahnhof in Urfahr.
1891—1893	Bau des Wasserwerkes Scharlinz und einer allgemeinen Wasserleitung.
1894	Bau einer Verbindungsbahn von der Westbahn zu der im Zuge der Donauregulierung am rechten Ufer des Flusses neuerrichteten Donaulände.
1895	Eröffnung des (Landes-)Museums »Francisco-Carolinum« durch Kaiser Franz Joseph I.
1895—1897	Bau des bischöflichen Knabenseminars »Collegium Petrinum« in Urfahr.
1897	Inbetriebnahme eines kalorischen Elektrizitätswerkes.
1897—1900	Bau der zweiten Donaubrücke (für Straße und Eisenbahn) sowie einer Verbindungsbahn von Urfahr zum Staatsbahnhof.
1898	Eröffnung der elektrischen Bergbahn von Urfahr auf den Pöstlingberg, der steilsten Adhäsionsbahn Europas.
1904	Der Internist Karl Fellinger wird in Linz geboren.
1914—1918	Während des Ersten Weltkrieges hat die Bevölkerung unter Versorgungsproblemen und Preissteigerungen zu leiden, die Protestaktionen und Demonstrationen zur Folge haben; Schulen werden als Spitäler und Lazarette genutzt, in und um Linz werden Lager für Kriegsgefangene, Flüchtlinge und Internierte errichtet.
1915	Eingemeindung von St. Peter.
1916	Der Metallplastiker und Maler Rudolf Hoflehner wird in Linz geboren.
1918—1920	Unruhen, Ausschreitungen und Plünderungen wegen der katastrophalen Ernährungslage nach dem Ersten Weltkrieg, wiederholte Verhängung des Standrechtes.
1919, 16. Mai	Sieg der Sozialdemokraten bei den ersten Gemeinderatswahlen nach allgemeinem, gleichem, direktem und geheimem Verhältniswahlrecht für Männer und Frauen, Josef Dametz wird erster sozialdemokratischer Bürgermeister.
1919	Eingemeindung von Urfahr und Pöstlingberg.
1923	Eingemeindung von Kleinmünchen.
1926	Die Sozialdemokratische Partei Österreichs beschließt auf einem Parteitag ihr »Linzer Programm«.
1928	Eröffnung der ersten österreichischen Arbeitermittelschule.
1934, 12. Februar	Ausbruch des Bürgerkrieges zwischen dem sozialdemokratischen Republikanischen Schutzbund und Kräften von Exekutive, Bundesheer und Heimwehren im sozialdemokratischen Parteigebäude »Hotel Schiff« (Landstraße 36).
1936	Inbetriebnahme des Rundfunk-Großsenders auf dem Freinberg.

1938, 12. März	Begeisterter Empfang des deutschen Reichskanzlers Adolf Hitler in seiner Heimatstadt; der Jubel der Menschenmenge auf dem Hauptplatz veranlaßt ihn, Österreich dem Deutschen Reich vollständig einzugliedern.
1938	Eingemeindung von Ebelsberg und St. Magdalena.
1938—1945	Aufbau einer Großindustrie (Reichswerke Hermann Göring, Stickstoffwerke Ostmark) und Errichtung zahlreicher Wohnbauten, Neubau der Nibelungenbrücke; Linz wird ein Zentrum der Rüstungsindustrie im Zweiten Weltkrieg; Hitler plant ein Groß-Linz als eine der fünf »Führerstädte« des Großdeutschen Reiches, wo er seinen Alterssitz errichten will.
1939	Eingemeindung des Keferfeldes.
1944—1945	22 alliierte Luftangriffe haben schwere Zerstörungen und 1679 Todesopfer zur Folge.
1945, 5. Mai	Einmarsch amerikanischer Truppen, Kriegsende und Beginn der Besatzungszeit, der Stadtteil Urfahr wird zwischen 27. Juli und 3. August von sowjetischen Truppen besetzt und verselbständigt; die Donau bildet bis 1955 die »Demarkationslinie« zwischen dem amerikanisch besetzten Linz und dem sowjetisch besetzten Urfahr, der Übertritt von einer Zone in die andere ist nur Personen mit Personaldokumenten gestattet und wird bis 1953 an den Donaubrücken kontrolliert.
1945—1962	Amtszeit des sozialistischen Bürgermeisters Dr. Ernst Koref, der als Architekt des Wiederaufbaues gilt.
1947	Eröffnung der Kunstschule der Stadt Linz, seit 1973 »Hochschule für künstlerische und industrielle Gestaltung«.
1948	Gründung der »Neuen Galerie der Stadt Linz — Wolfgang-Gurlitt-Museum«, seit 1979 im Gebäudekomplex »Lentia 2000« im Stadtteil Urfahr beheimatet.
1952	Eröffnung des Stadions auf der Gugl, Um- und Ausbau auf internationalen Standard in jüngster Zeit. Eröffnung des Botanischen Gartens der Stadt Linz, der danach mehrmals erweitert wird.
1953	Eröffnung des ersten LD-Stahlwerkes der VOEST.
1954	Großes Hochwasser der Donau mit verheerenden Überschwemmungen im Stadtbereich.
1954—1957	Neubau der Kammerspiele als zweite Spielstätte des Landestheaters nach Entwürfen von Clemens Holzmeister.
1957	Erstellung des ersten Generalverkehrsplanes für die Stadt Linz.
1963	Eröffnung des Schloßmuseums als kulturgeschichtliche Abteilung des Oberösterreichischen Landesmuseums.
1966	Eröffnung der »Hochschule für Sozial- und Wirtschaftswissenschaften« in Linz-Auhof, seit 1975 »Johannes-Kepler-Universität« mit sozial- und wirtschaftswissenschaftlicher, rechtswissenschaftlicher sowie technisch-naturwissenschaftlicher Fakultät.
1968—1970	Neubau des Bruckner-Konservatoriums im Stadtteil Urfahr.
1972	Bau der dritten Donaubrücke (VOEST-Brücke). Eröffnung des neuen ORF-Landesstudios Oberösterreich.
1973	Eröffnung des Stadtmuseums Nordico im ehemaligen Collegium Nordicum.
1974	Eröffnung des von den finnischen Architekten Kaija und Heikki Siren entworfenen Brucknerhauses als musikalisches und kulturelles Zentrum, insbesondere des seither jährlich stattfindenden Internationalen Brucknerfestes.
1977	Eröffnung des Landeskulturzentrums Ursulinenhof im ehemaligen Ursulinenkloster an der Landstraße.
1978	Erhebung der Philosophisch-Theologischen Hochschule der Diözese Linz zur päpstlichen Fakultät als »Katholisch-Theologische Hochschule Linz«.
1984	Eröffnung des in der Nähe des Stadthafens gelegenen Posthofes als alternatives Kulturzentrum.
1985	Eröffnung des Neuen Rathauses am nördlichen Nibelungen-Brückenkopf im Stadtteil Urfahr.
1986	Linz erklärt sich zur Friedensstadt.
1990	Linz feiert »500 Jahre Landeshauptstadt«.

Das Friedrichstor (1481) ist noch ein Rest des ursprünglich unter Kaiser Friedrich III. erbauten Schlosses auf dem Römerberg

Detail vom Nordportal des Landhauses mit wappenhaltenden Putten (um 1570)

Laubenhof des Landhauses (1568) mit dem Planetenbrunnen (Peter Guet, 1582)

Links: Malerischer Laubenhof des 1688 für den erfolgreichen Türkenverteidiger von Wien, Ernst Rüdiger Graf Starhemberg, erbauten Linzer Stadthauses, gegenüber dem oberösterreichischen Landhaus. Hundert Jahre später wohnte hier für kurze Zeit Wolfgang Amadeus Mozart, als er 1783 seine »Linzer Symphonie« komponierte. Rechts: Barock und Biedermeier bestimmen heute die Linzer Altstadt. Beiderseits der zur kaiserlichen Burg hinaufführenden Hofgasse aufwendig gestaltete Erkerfassaden: links das sogenannte Losensteiner Freihaus mit dem Handelszeichen der Venezianer aus dem Mittelalter, dem Markuslöwen, und rechts das Apothekerhaus mit einer rund 150 Jahre jüngeren Fassade von 1735. Seite 25: Das Kremsmünster Stiftshaus (von 1507) in der Altstadt, eines der sehenswertesten ehemaligen Stiftshäuser, Freihäuser und Stadtpaläste, die in Linz erhalten sind

Die Dreifaltigkeitssäule (1717—1722) und Bürgerhäuser am Hauptplatz; rechts unten ein besonders reizvolles Fensterrelief »Wilde Männer« am Haus Hauptplatz 21

Häuserzeile am Hauptplatz, links das alte Rathaus mit dem markanten achteckigen Turm (1513/1514)

Der in der zweiten Hälfte des 19. Jahrhunderts entstandene »Neue Dom« ist eine perfekte Nachbildung gotischer Bauweise. 1968, also etwa hundert Jahre nach seiner Bausteinlegung, wurde die sogenannte Rudigier-Orgel, eine der klangschönsten Orgeln in Europa, eingeweiht

Die Martinskirche (karolingisch, um 800) ist der älteste christliche Sakralraum Österreichs, der heute noch kirchlichen Zwecken dient

Zwei Spitzenwerke der Kunstschmiede: Das Stiegen-Abschlußgitter Valentin Hofmanns von 1727, hergestellt für das vom bekannten Barockarchitekten Jakob Prandtauer entworfene Freihaus des Stiftes Kremsmünster, heute Bischofshof, in der Herrengasse und rechts ein Gitter von Ludwig Gattringer vor der Turmkapelle der Ursulinenkirche an der Landstraße, 1748 kunstvoll angefertigt

Mit Leben erfüllt ist der Hof des barocken Ursulinenklosters an der Landstraße, das um 1975 zu einem Kulturzentrum des Landes Oberösterreich mit Galerien, Konferenzräumen, Sälen, Kellertheater und Restaurant umgestaltet worden ist. Seite 32/33: Blick von der Franz-Josephs-Höhe über Donau und Nibelungen-Brücke. Rechts im Bild die Linzer Innenstadt, links Urfahr mit dem Neuen Rathaus

Taufbecken und Chorgestühle im »Alten Dom«. Das 1669 bis 1678 von P. F. Carlone für die Jesuiten geschaffene Gotteshaus diente eineinhalb Jahrhunderte als Dom, nachdem Josef II. die Diözese Linz gegründet hatte

Hochaltar der Minoritenkirche mit dem Altarblatt von Bartolomeo Altomonte. Künstlerisch besonders wertvoll ist die Seminarkirche, ehemalige Deutschordenskirche, die nach Plänen von Lukas von Hildebrandt erbaut wurde

Der Barockbildhauer Raphael Donner schuf 1727 diese Statue des hl. Johannes von Nepomuk an der Außenseite des Presbyteriums der Linzer Stadtpfarrkirche; Turm der Stadtpfarrkirche

Der Neptunbrunnen auf dem Hessenplatz stellt eine großartige Schöpfung von 1686 für den Linzer Hauptplatz dar. 1872 auf den damaligen Markt-, heute Hessenplatz, übertragen, ziert er heute eine reizvolle Parkanlage

Der Dichter Adalbert Stifter (1805—1868) wie ihn der Bildhauer Hans Rathausky 1896, auf Böhmerwald-Granitfelsen sitzend, in Bronze schuf. Das Denkmal auf der Linzer Promenade erhebt sich unmittelbar vor den Amtsräumen des ersten Landeskonservators von Oberösterreich im Linzer Landhaus

a) Der Jahrmarkt in Urfahr, jeweils in der ersten Mai- und Oktoberwoche, gilt noch immer als größter Kirtag in Österreich; b, c) Flohmarkt auf dem Hauptplatz

Standlmarkt auf dem Hauptplatz

Das neue Rathaus in Urfahr. Seite 41: Blick von der Terrasse des Neuen Rathauses über die Nibelungen-Brücke in Richtung Hauptplatz, links im Bild der Turm der Stadtpfarrkirche, in der Bildmitte der »Alte Dom«

Oberösterreichisches Landesmuseum, Schloßmuseum: a) Gang mit Renaissance-Portal, ehemals im Schloß Hartheim; b) Detail einer Kachel vom sogenannten »Kurfürstenofen« von 1683 mit Reiterdarstellung Kaiser Leopolds I., ehemals im Schloß Wildshut (Innviertel)

Oberösterreichisches Landesmuseum, Francisco Carolinum: Kuppeldetail dieses bedeutenden Bauwerks des österreichischen Historismus (Bruno Schmutz, 1884—1895)
Seite 44/45: Mit dem 1969—1974 von den finnischen Architekten Kaija und Heikki Siren gebauten Brucknerhaus erhielt die Stadt Linz ein musikalisches und kulturelles Zentrum. Hier findet seither jährlich das internationale Brucknerfest statt

Moderne Glasarchitektur prägt das Gesicht der modernen Stadt: a) die Raiffeisenlandesbank Oberösterreich; b) Taubenmarkt-Arkade; c) Allgemeines öffentliches Krankenhaus der Stadt Linz; d) Allgemeine Sparkasse Oberösterreich Bank Aktiengesellschaft

Die Pfarrkirche zur hl. Theresia in der Losensteiner Straße wurde in den Jahren 1959—1962 nach Plänen von Rudolf Schwarz, einem der führenden deutschen Kirchenarchitekten des 20. Jahrhunderts, erbaut

1952 wurde das Linzer Sportstadion auf der Gigl eröffnet und inzwischen wiederholt um- und ausgebaut. 1972 konnte das neue ORF-Landesstudio Oberösterreich fertiggestellt werden und mit dem Hotel Schillerpark und dem Casino wurde ein gesellschaftliches Zentrum geschaffen

In den Schloßberganlagen hoch über der Donau, in einem frühbarocken Pavillon steht das Denkmal des Astronomen und Mathematikers Johannes Kepler, der 1612—1626 in Linz als Lehrer an der Landschaftsschule wirkte. Seite 51: 1966 wurde die »Hochschule für Sozial- und Wirtschaftswissenschaften« in Linz-Auhof eröffnet — seit 1975 Johannes-Kepler-Universität genannt — mit sozial- und wirtschaftswissenschaftlicher, juristischer und naturwissenschaftlicher Fakultät

Aus der 1833 errichteten Festungsklause »Adelgunde« mit Straßen- und Stromsperre und Sperrmauer zum anschließenden Festungsgürtel entstand durch Umgestaltung genau einhundert Jahre später eine Gedenkstätte für die im Krieg gefallenen Soldaten der Deutschen Burschenschaft, allgemein mit feinem Humor als »Anschlußturm« bezeichnet

Blick vom Schloßberg über die Donau nach Alt-Urfahr am Fuße des Pöstlingberges

Kakteenhaus im Botanischen Garten, der mit seinen ausgedehnten Anlagen, Glashäusern und Pflanzensammlungen wohl der umfangreichste und bedeutendste in Österreich ist. Seite 55: Spazierweg auf dem Freinberg

Vor Beginn der Errichtung einer der größten Festungsanlagen der Donaumonarchie, der Lagerfestung Linz, ließ Erzherzog Maximilian d'Este, ein Enkel von Kaiser Franz I. und Maria Theresia, 1828 auf dem Linzer Freinberg einen Probeturm erbauen und versuchsweise beschießen. Nach geglücktem Experiment gestattete der Kaiser den Bau der aus mehr als dreißig Türmen bestehenden Festung. Der Probeturm aber wurde erweitert und erst als Wohnpalais und dann bis heute als Hauptbau des Linzer Jesuitenkonvents genutzt. Seite 57: Die 1888 zum vierzigjährigen Regierungsjubiläum von Kaiser Franz Joseph durch den Verschönerungsverein errichtete »Jubiläumswarte« auf dem Freinberg erhebt sich genau an jener Stelle, wo schon Kelten, Römer, Baiern und Franken siedelten und Ausschau auf das malerische Linzer Donau-Engtal hielten

Denkmal für die Pferdeeisenbahn Linz–Budweis, die nach dem Projekt von Franz Anton v. Gerstner 1825—1832 als erste Ferneisenbahn des Kontinents errichtet wurde. Die Trasse dieser ehemaligen Bahn bei St. Magdalena ist heute ein Promenadenweg

In den Grünanlagen des Bauernberges steht ein ionischer Rundtempel (19. Jahrhundert) mit einer Bronzestatue der Aphrodite (Wilhelm Wandschneider, 1940)

Der Linzer Stadthafen (Handelshafen) erfüllt eine wichtige Funktion für die heimische und internationale Wirtschaft. Leistungsfähige Krananlagen ermöglichen das Löschen und Beladen von Frachtschiffen in kürzester Zeit. Seite 61: Ende des 19. Jahrhunderts entstand die zweite Donaubrücke, »Eisenbahn-Brücke« genannt (für Straße und Eisenbahn)

Blick vom Steyregg auf die Werke der VOEST-Alpine AG. Seite 62: Die durch ihre Konstruktion berühmte 1972 erbaute VOEST-Autobahnbrücke über die Donau, die die Westautobahn mit der Mühlkreisautobahn verbindet

Die Wallfahrtskirche Sieben Schmerzen Mariae auf dem Pöstlingberg (1738—1774, Turmhelme 1892) am linken Donauufer ist eines der Linzer Wahrzeichen. Seite 65: Blick von Lichtenberg zum Pöstlingberg, über dem Nebelmeer ist das Tote Gebirge sichtbar

Die Bruckner-Orgel in der Kirche des Augustiner-Chorherrenstiftes St. Florian, wo Anton Bruckner 1845—1855 als Stiftsorganist wirkte, gehört zu den klangschönsten Werken der Zeit. Seite 67: Stift St. Florian. Adlerbrunnen im Großen Stiftshof, dahinter das berühmte offene Treppenhaus, entworfen von Carlo Antonio Carlone, vollendet von Jakob Prandtauer

Die Stiftskirche von Wilhering stellt mit ihrer herrlichen Ausstattung einen Höhepunkt der kirchlichen Kunst des Rokoko dar. Die Deckengemälde wurden von Bartolomeo Altomonte geschaffen, sämtliche Altarblätter sind ein Werk von Martino Altomonte